Autorin:
Ute Schmidt wurde 1965 in Passau geboren. Auf dem elterlichen Anwesen war sie schon als Kind von vielen Tieren umgeben, darunter auch Arbeits- und Kutschpferde.
Unter Aufsicht des gestrengen Großvaters, der Rittmeister war, lernte sie schon von klein auf viel über Aufstallung, Gesundhaltung und Fütterungstechniken.
Fundierten Reitunterricht bekam sie ab dem zehnten Lebensjahr in Dressur und Springen.

1996 zog sie nach Hamburg, wo sie sich ihren Traum von einer eigenen Reitschule erfüllte. Sie lebt mit ihrer Familie auf einem Resthof im Südosten von Hamburg, wo sie auf ihren Friesenpferden Kinder und Jugendliche unterrichtet.

Illustratorin:
Mirella Sperling

Titelfoto:
Ariane Lange

ISBN - Nummer 9783752805239

Bisher in dieser Reihe erschienen:

Reitabzeichen 5   ISBN - Nummer 9783746092966
Reitabzeichen 6   ISBN - Nummer 9783739243177
Reitabzeichen 7   ISBN - Nummer 9783739207667
Reitabzeichen 8   ISBN - Nummer 9783738637441
Reitabzeichen 9   ISBN - Nummer 9783734793226
Reitabzeichen 10   ISBN - Nummer 9783734761102

Longierabzeichen 5:   ISBN - Nummer: 9783741237454
Basispass   ISBN - Nummer: 9783743109889
Bodenarbeit   ISBN - Nummer: 9783746050133

Dieses Buch gehört:

_____

Inhaltsverzeichnis:

Kapitel 1: Pferdepflege

🐴 Was braucht man für Gegenstände, um ein Pferd zu putzen?	☐ Gummistriegel, Kardätsche, Wurzelbürste, Hufauskratzer, Huffett mit Pinsel, Papiertücher.
🐴 Wie lange darf das Putzen dauern?	☐ Man muss zügig putzen. Wenn es zu lange dauert, wird das Pferd unruhig.
🐴 Darf man das Pferd auch in der Box putzen?	☐ Auf keinen Fall! Man könnte an die Wand gedrückt werden und außerdem rieselt der ganze Schmutz in Einstreu und Futter.
🐴 Wie oft putzt man das Pferd und warum?	☐ Das Pferd wird täglich einmal geputzt. Man kann dabei Verletzungen und Krankheiten früh erkennen, man lernt sich gut kennen und für das Pferd ist es eine schöne Massage.
🐴 Wie geht man beim Putzen vor?	☐ Man putzt immer von vorne nach hinten und von oben nach unten.
🐴 Was benutzt man zuerst?	☐ Zuerst holt man sich den Gummistriegel und die Kardätsche. Mit dem Striegel löst man kreisförmig allen Schmutz und lose Haare. Kopf und Beine und Stellen, an denen die Knochen dicht unter dem Fell liegen, werden nicht gestriegelt.
🐴 Und wie geht es weiter?	☐ Mit der Kardätsche macht man das Fell wieder glatt und bürstet allen Staub heraus. Putzt man an der linken Seite des Pferdes, hält man die Kardätsche in der linken Hand – und umgekehrt.
🐴 Wie reinigt man Kardätsche und Gummistriegel?	☐ Die Kardätsche wird in Richtung der Fingerspitzen am Striegel abgestrichen. Der Gummistriegel wird auf dem Boden ausgeklopft.
🐴 Was folgt nach dem Fell?	☐ Kopf, Mähne und Schweif sind nun dran.
🐴 Wie pflegt man den Kopf des Pferdes?	☐ Man nimmt dafür eine ganz weiche Bürste. Augen, Nüstern und Maul werden, wenn nötig mit den Papiertüchern gereinigt.
🐴 Wie pflegt man Schweif und Mähne?	☐ Bei Pferden mit dichtem Langhaar kann man eine Bürste benutzen. Man sollte vorher aber etwas Mähnenspray verwenden, damit man nicht so viele Haare ausreißt. Außerdem hält man die Strähnen, die man bürstet, oberhalb gut fest. Bei Pferden mit wenig Langhaar wird verlesen. Ab und zu muss der Schweif mit Pferdeshampoo gewaschen werden.

🐴 Wie geht das Verlesen?	☐ Man nimmt den ganzen Schweif in eine Hand und zieht mit der anderen Hand immer ganz kleine Strähnen heraus. Man fängt damit ganz oben an. Verlesen dauert sehr lange.
🐴 Was muss man nun noch reinigen?	☐ Jetzt kommen die Beine an die Reihe. Dazu kann man eine Wurzelbürste benutzen.
🐴 Und zu guter Letzt?	☐ Nun kommen die Hufe an die Reihe. Man reinigt sie zuerst von außen mit der Wurzelbürste, damit man selbst nicht so schmutzig wird. Dann hebt man die Hufe an und kratzt sie gründlich aus. Dabei sieht man den Hufstrahl in der Mitte des Hufes, wo man besonders vorsichtig sein muss. Im Sommer kann man die Hufe anfeuchten und gut einfetten, damit sie nicht austrocknen.
🐴 Wie hebt man einen Pferdehuf an?	☐ Man spricht das Pferd an, stellt sich dicht an das Bein und streicht mit den Händen von oben nach unten, bis das Pferd den Huf gibt. Man kann den Huf auf dem Oberschenkel abstützen, damit er nicht so schwer ist. Man reinigt den Huf und setzt ihn vorsichtig wieder ab, damit sich das Pferd nicht verletzt.
🐴 Was muss man bezüglich der Sicherheit beachten?	☐ Hufe auskratzen ist nicht ganz ungefährlich. Man beachtet, dass genug Platz um einen herum ist und dass vor allem niemand hinter dem Pferd steht, wenn man die Hinterhufe reinigt.
🐴 Woran erkennt man ein gut gepflegtes Pferd?	☐ Das Deckhaar glänzt, das Langhaar ist gepflegt, die Hufe sind ausgeschnitten und gerundet und das Pferd ist nicht zu dick oder zu dünn.

🐴 Welche Ausrüstung benötigt ein Reiter?	☐ Er benötigt eine Reithose, Reitstiefel, einen bruch- und splittersicheren Reithelm mit Dreipunkthalterung, Reithandschuhe, eine Gerte und eventuell Sporen. Eine Sicherheitsweste schützt vor gefährlichen Rückenverletzungen!
🐴 Ist eine Reithose zwingend erforderlich?	☐ Wenn man länger reitet ist eine Reithose unbedingt erforderlich. Durch die Reithose werden Scheuerstellen vermieden und man sitzt durch den Lederbesatz rutschfester im Sattel.
🐴 Was sollte man bei der Wahl der Reitstiefel beachten?	☐ Es gibt Reitstiefel aus Leder oder auch aus Kunststoff. Außerdem gibt es statt der Stiefel auch Jodhpurstiefel oder Stiefeletten, die mit Chaps ergänzt werden.
🐴 Was beachtet man beim Kauf neuer Reitstiefel?	☐ Die Sohlen sollten nicht zu dick und zu breit sein und von der Spitze bis zum Absatz durchgängig sein, damit man nicht im Steigbügel hängen bleiben kann. Der Schaft reicht bis zur Kniekehle, um ein Unterhaken unter das Sattelblatt zu vermeiden.
🐴 Was beachtet man bei der Wahl des Helmes?	☐ Empfohlen wird der Reithelm mit der aktuellen DIN-Norm. Er schützt den Kopf nicht nur beim Sturz, sondern auch vor tiefhängenden Zweigen und Ästen.
🐴 Warum braucht man Reithandschuhe?	☐ Sie verhindern, dass dem Reiter schweiß- oder regennasse Zügel aus der Hand rutschen. Außerdem schützen sie vor Blasenbildung.
🐴 Was beachtet man beim Kauf von Reithandschuhen?	☐ Sie müssen zwischen dem Ringfinger und dem kleinen Finger verstärkt sein, über dem Handrücken nicht zu eng und aus pflegeleichtem Material sein.
🐴 Wie sieht eine vernünftige Oberbekleidung aus?	☐ Sie sollte immer zweckentsprechend sein, das heißt, der Wetterlage angepasst. Unterwäsche sollte keine Nähte am Gesäß und an den Innenseiten der Schenkel haben.
🐴 Was braucht der Reiter, speziell für den Ausritt?	☐ Wettergerechte Kleidung, eine kleine Apotheke und ein funktionierendes Handy.
🐴 Welcher Sattel eignet sich am besten für den Freizeitsport?	☐ Der Vielseitigkeitssattel.

Was beachtet man beim Kauf eines Sattels?	☐ Er muss sowohl dem Pferd als auch dem Reiter von der Größe her angepasst sein. Der tiefste Punkt liegt in der Mitte der Sitzfläche. Die Sattelkammer lässt genug Raum für den Widerrist.
Was beachtet man bezüglich der Satteldecke?	☐ Sie sollte den Schweiß aufsaugen und aus pflegeleichtem Material bestehen.
Was beachtet man beim Sattelgurt?	☐ Er kann aus Leder oder Kunststoff bestehen. Wichtig ist, dass er breit genug ist und intakte Schnallen aufweist.
Welches Gebiss ist zu empfehlen?	☐. Üblich sind Wassertrensengebisse oder Olivenkopfgebisse mit einer Mindeststärke von 14 mm.
Welches Reithalfter empfiehlt sich?	☐ Es gibt viele verschiedene Reithalfter. Am gebräuchlichsten sind das kombinierte oder das Hannoversche Reithalfter.
Welcher Hilfszügel ist für das Freizeitreiten sinnvoll?	☐ Sinnvoll ist nur das Martingal, da es der einzige Hilfszügel ist, mit dem man springen darf. Es wird bei sehr temperamentvollen Pferden eingesetzt.
Wie wird das Martingal korrekt angelegt?	☐ Das Martingal wird zwischen den Vorderbeinen am Sattelgurt befestigt. Dieses muss mittig liegen, damit das Pferd an den Innenseiten der Beine nicht wund gescheuert wird. Dann teilt sich das Martingal in zwei Riemen, an deren Enden je ein kleiner Metallring ist, durch welchen man die Zügel führt. Das Martingal wird mit einem Halsriemen gesichert.
Sind Bandagen oder Gamaschen sinnvoll?	☐ Ja, sie schützen die Pferdebeine vor Verletzungen, Prellungen und Stauchungen im Gelände. Bandagen eignen sich nur in der Reitbahn – nicht im Gelände!
Braucht das Pferd eine Decke?	☐ Decken braucht man an kühlen Tagen, vor allem in den Pausen, bei nassgeschwitzten Pferden und auch bei geschorenen Pferden. Die Decke sollte mit einem Deckengurt vor dem Verrutschen gesichert werden.

🐴 Was versteht man unter der Sitzgrundlage?	☐ Die Sitzgrundlage bildet die Grundlage für alle weiteren Sitzarten. Der Reiter sitzt mit beiden Gesäßknochen gleichmäßig belastend im tiefsten Punkt des Sattels. Die Steigbügel sollten so verschnallt sein, dass schnelle Übergänge zwischen Aussitzen und Entlasten einfach möglich sind. Diese Sitzform ist flexibel und bietet die Möglichkeit schnell zwischen einem tiefen Sitzen und einem leicht entlastenden Sitz zu wechseln. Das sorgt für ein stabiles Sitzfundament und mehr Sicherheit, da sich der Reiter, je flexibler er ist, sich auch schnell an neue Bewegungen anpassen kann.
🐴 Wie sieht der Dressursitz aus? 	☐ Für den Dressursitz muss eine sichere Sitzgrundlage vorhanden sein. Auch dieser sollte flexibel und elastisch bleiben, jedoch werden die Unterschiede zwischen Entlasten und Belasten weniger deutlich – zumindest nach außen. Der Reiter sitzt aufrecht im Sattel ohne steif zu werden. Dabei sollte es möglich sein eine Linie vom Ohr über die Schulter, Hüftgelenk und schließlich das Fußgelenk zu ziehen. Ebenso sollen Unterarm, Zügel und Pferdemaul eine Linie bilden. Das aufrechte Sitzen erfolgt aus dem Becken heraus. Richtet sich das Becken auf, so kommen Oberkörper und Kopf auch in die richtige Position. **Aufgabe:** Zeichnen die Punkte ein, die die beiden Linien bilden.

🐴 Wie sieht der leichte Sitz aus?	☐ Für den leichten Sitz werden die Bügel so verschnallt, dass der Reiter sein Gewicht leichter abfedern und sich schneller den verändernden Bewegungen anpassen kann, wie z. B. beim Springen oder im Gelände. Dabei wird der Oberkörper aus der Hüfte mehr oder weniger nach vorne geneigt. Je mehr der Oberkörper nach vorne geht, desto mehr muss das Gesäß nach hinten verschoben werden. Nur so bleibt der Reiter im Gleichgewicht. Durch die kürzeren Steigbügel entsteht eine stärkere Winkelung und ein fester Knieschluss. Der Bügel wird etwas weiter aufgenommen und der Absatz bleibt tiefster Punkt. Das Fußgelenk federt die Bewegungen ab. Natürlich gilt auch hier, dass Unterarm, Zügel und Pferdemaul eine Linie bilden. Durch den vorgehenden Oberkörper muss das Zügelmaß jedoch verkürzt werden. **Merke:** Das wichtigste am leichten Sitz ist das Fundament. Es besteht aus Knie – Unterschenkel – Absatz.
🐴 Welche Gelenke müssen beim Reiten locker sein?	☐ Kopfgelenk, Kiefergelenk, Schultergelenk, Ellbogen, Handgelenk, Hüftgelenk, Mittelpositur, Kniegelenk und Fußgelenk.
🐴 Was ist noch viel wichtiger als ein korrekter Sitz?	☐ Wichtiger ist es, dass der Reiter losgelassen und geschmeidig auf dem Pferd sitzt. Losgelassen heißt, dass der Reiter körperlich und geistig entspannt – also auch angstfrei ist. **Merke:** Ist der Reiter angespannt, wird sich das Pferd nicht lösen!
🐴 Warum ist ein geschmeidiger Sitz so wichtig?	☐ Nur wer losgelassen und geschmeidig auf dem Pferd mitschwingt, ist in der Lage, die Gewichts-, Schenkel- und Zügelhilfen korrekt einzusetzen und die Zügelhilfen unabhängig vom Sitz zu geben.
🐴 Wie wird die Bügellänge in den einzelnen Möglichkeiten gewählt?	☐ Für den leichten Sitz sollte man die Bügel etwa 2-3 Loch kürzer einstellen. Die Länge der Steigbügel ist bei jedem Reiter individuell. Lässt der Reiter die Beine locker hängen, dann sollte die Trittfläche auf Höhe der Fußgelenke sein.

🐴 Welche Arten von Hilfen gibt es und wie werden sie nach ihrer Wichtigkeit sortiert?	☐ Es gibt die Gewichtshilfen, Schenkelhilfen und Zügelhilfen.
🐴 Wie lauten die Gewichtshilfen?	☐ Sie lauten: • beidseitig belastende Gewichtshilfe • einseitig belastende Gewichtshilfe • entlastende Gewichtshilfe
🐴 Wie lauten die Schenkelhilfen?	☐ Sie lauten: • vorwärtstreibende Schenkelhilfe • verwahrende Schenkelhilfe • vorwärts-seitwärtstreibende Schenkelhilfe
🐴 Wie lauten die Zügelhilfen?	☐ Sie lauten: • annehmende und nachgebende Zügelhilfe • verwahrende Zügelhilfe • seitwärtsweisende Zügelhilfe • durchhaltende Zügelhilfe
🐴 Wo liegt der Schenkel bei den einzelnen Schenkelhilfen?	☐ Vorwärtstreibend: Direkt am Sattelgurt. Vorwärts-seitwärtstreibend: Kurz hinter dem Sattelgurt. Verwahrend: Eine Handbreit hinter dem Sattelgurt.
🐴 Erkläre den Begriff Stellung! 	☐ Bei der Stellung wendet das Pferd seinen Kopf im Genick entweder zur linken oder rechten Seite in Bewegungsrichtung. Der Rest des Pferdekörpers bleibt gerade. **Merke:** Ein Pferd sollte beim Reiten auf gebogenen Linien immer gestellt sein!
🐴 Erkläre den Begriff Biegung! 	☐ Nur wenn das Pferd entsprechend gestellt ist, kann es sich auch biegen. Hier wird beim Pferd die gesamte Längsachse gekrümmt. Dies passiert nicht gleichmäßig, denn die einzelnen Wirbel sind unterschiedlich beweglich. So sind die Halswirbel sehr beweglich, aber die Brustwirbel schon weniger und die Kreuzwirbel sind starr. Deshalb ist es wichtig das Pferd im Rippenbereich zu biegen. Man wickelt sich das Pferd sozusagen um das Reiterbein! **Merke:** Es gibt keine Biegung ohne Stellung, während Stellung ohne Biegung durchaus möglich ist.

Wie funktioniert die diagonale Hilfengebung? **Beschrifte mit folgenden Begriffen:** 2 x Diagonale, 2 x verwahren, stellen, treiben 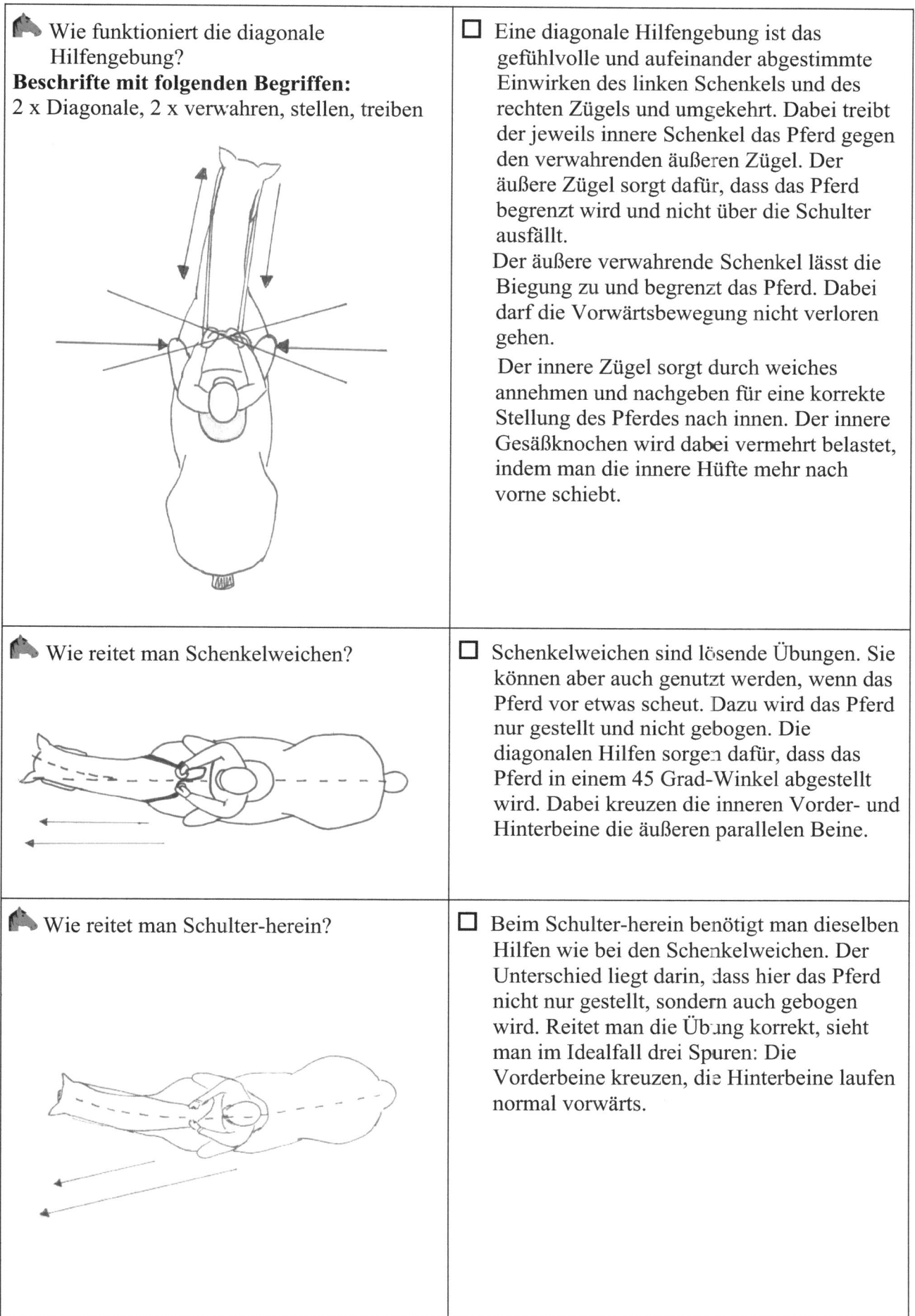	☐ Eine diagonale Hilfengebung ist das gefühlvolle und aufeinander abgestimmte Einwirken des linken Schenkels und des rechten Zügels und umgekehrt. Dabei treibt der jeweils innere Schenkel das Pferd gegen den verwahrenden äußeren Zügel. Der äußere Zügel sorgt dafür, dass das Pferd begrenzt wird und nicht über die Schulter ausfällt. Der äußere verwahrende Schenkel lässt die Biegung zu und begrenzt das Pferd. Dabei darf die Vorwärtsbewegung nicht verloren gehen. Der innere Zügel sorgt durch weiches annehmen und nachgeben für eine korrekte Stellung des Pferdes nach innen. Der innere Gesäßknochen wird dabei vermehrt belastet, indem man die innere Hüfte mehr nach vorne schiebt.
Wie reitet man Schenkelweichen?	☐ Schenkelweichen sind lösende Übungen. Sie können aber auch genutzt werden, wenn das Pferd vor etwas scheut. Dazu wird das Pferd nur gestellt und nicht gebogen. Die diagonalen Hilfen sorgen dafür, dass das Pferd in einem 45 Grad-Winkel abgestellt wird. Dabei kreuzen die inneren Vorder- und Hinterbeine die äußeren parallelen Beine.
Wie reitet man Schulter-herein?	☐ Beim Schulter-herein benötigt man dieselben Hilfen wie bei den Schenkelweichen. Der Unterschied liegt darin, dass hier das Pferd nicht nur gestellt, sondern auch gebogen wird. Reitet man die Übung korrekt, sieht man im Idealfall drei Spuren: Die Vorderbeine kreuzen, die Hinterbeine laufen normal vorwärts.

Kapitel 5: Der Ausritt

Wie beginnt und beendet man einen Ausritt?	☐ Es sollte am Anfang und am Ende des Ausrittes immer eine Schrittphase von zehn Minuten geben.
Wie geht es nach der Aufwärmphase weiter?	☐ Es folgt eine lösende Trabphase, aus der dann auch der erste ruhige Galopp folgen kann.
Welche Tempi wählt man für Trab und Galopp?	☐ Der Trab sollte einem frischen Arbeitstrab entsprechen, der Galopp dem Mittelgalopp, was etwa 300 Meter in der Minute entspricht.
Wie wird im Gelände getrabt?	☐ Man trabt im Gelände immer leicht um den Pferderücken zu entlasten. Man vergisst dabei nicht, regelmäßig den Fuß zu wechseln.
Wie wird im Gelände galoppiert?	☐ Man galoppiert im Gelände im leichten Sitz um den Pferderücken zu entlasten. Dabei muss immer wieder vom Links- in den Rechtsgalopp gewechselt werden. Wenn man den fliegenden Galoppwechsel nicht beherrscht, pariert man zum Trab durch stellt das Pferd zur anderen Seite und galoppiert erneut an.
Wie reitet man mit temperamentvolleren Pferden den Galopp?	☐ Mit pulvrigen Pferden kann man über kürzere Strecken das Galopptempo auch erhöhen bis zu 500 Meter pro Minute. Das Pferd muss dabei immer unter Kontrolle bleiben.
Wie reitet man nach einer Galoppphase?	☐ Nach der Galoppphase kommt immer eine ausgiebige Schrittphase, damit sich Puls und Atmung wieder normalisieren.
Wie reitet man Hänge bergauf?	☐ Man reitet immer senkrecht hinauf, damit das Pferd nicht seitlich abrutscht. Dabei nimmt der Reiter den leichten Sitz ein. Wird es sehr steil, nimmt man die Mähne zur Hilfe. Der Reiter muss die Kontrolle behalten, um gefährliche Sätze aufwärts zu vermeiden.
Wie reitet man Hänge bergab?	☐ Auch hier reitet man senkrecht hinab. Der Reiter nimmt den leichten Sitz ein und entlastet den Pferderücken. Vorsicht vor unkontrollierten Sprüngen abwärts!

🐴 Wie beendet man den Ausritt?	☐	Wie schon beschrieben, endet der Ausritt mit einer Schrittphase. Das Pferd sollte dabei am langen Zügel in einer Art „Bummelschritt" entspannt werden. Dies dient auch zur psychischen Entspannung des Pferdes.
🐴 Was beachtet man bezüglich der Kräfte des Pferdes?	☐	Grundsätzlich gilt, dass man mit den Kräften des Pferdes gut haushalten muss. Das Pferd sollte nicht zu stark schwitzen.
🐴 Wie lange sollte ein Ausritt dauern?	☐	Der übliche Kurzausritt dauert etwa zwei Stunden. Dies kann man jedem gesunden Pferd auch getrost zumuten. Längere Ausritte dauern drei bis fünf Stunden.
🐴 Wo kann man gefahrlos Galoppieren?	☐	Man soll nur auf übersichtlichem, ebenem oder auf leicht ansteigendem Gelände galoppieren. Der Boden soll weich und federnd und nicht zu tief sein.
🐴 Wo kann Reiten gefährlich werden?	☐	Bei morschen Brücken, unbekannten Gewässern und sumpfigem Gelände.
🐴 Wie verhält man sich bei Brücken?	☐	Bei schmalen Brücken oder Autobahnbrücken ist es sicherer das Pferd zu führen. Das gilt auch für Tunnel.
🐴 Wie reitet man das Pferd an Gegenständen vorbei, vor denen es scheut?	☐	Man versucht, im Schenkelweichen oder im Schulterherein vorbeizureiten.
🐴 Wie kann man ein durchgehendes Pferd wieder zur Ruhe bringen?	☐	Man versucht, das Pferd in immer kleiner werdenden Volten wieder unter Kontrolle zu bekommen. Allerdings braucht man dafür auch einigen Platz.

Sollte man allein ins Gelände reiten?	☐ Nein, denn im Notfall kann eine Begleitung lebensrettend sein.
Wie ist die korrekte Länge der Zügel?	☐ Im Schritt sind die Zügel immer etwas länger gefasst als im Trab oder im Galopp. Die Verbindung zum Pferdemaul muss aber immer gewährleistet sein.
Was bedenkt man beim Traben?	☐ Die Zügel werden etwas aufgenommen. Verstärkt man den Trab, soll dieser nicht eilig werden. Regelmäßig Umsitzen !
Wie galoppiert man im Gelände an?	☐ Bei temperamentvollen Pferden immer aus dem Trab heraus angaloppieren. Im höheren Tempo geht man dann in den leichten Sitz um dem Pferd den Rücken zu entlasten.
Wie schnell galoppiert man im Gelände?	☐ Üblicherweise galoppiert man im Mittelgalopp. Mann kann aber auf übersichtlichen Strecken auch das Tempo verstärken. Dies entspricht dann ca. 500 Meter in der Minute.
Wie kann man im Links- bzw. Rechtsgalopp angaloppieren?	☐ Um links anzugaloppieren, stellt man das Pferd nach links, wobei die linke Hüfte vermehrt nach vorne geschoben wird. Dadurch kommt der innere Schenkel mehr zum treiben und der äußere Schenkel verwahrt. Das gleiche gilt natürlich umgekehrt für den Rechtsgalopp.
Warum muss der Reiter die Kehrtwendung und das Wegreiten von der Gruppe beherrschen?	☐ Aus Gründen der Hilfeleistung sollte jeder Reiter in der Lage sein, eine Kehrtwendung zu reiten und sich von der Gruppe zu entfernen.
Wie überquert man kleinere Hindernisse?	☐ Sie werden im Schritt oder Trab überquert. Dabei wird zum Überqueren der leichte Sitz eingenommen um dem Pferd die nötige Rückenfreiheit zu gewährleisten.
Wie überquert man größere Hindernisse?	☐ Sie werden im Trab oder im Galopp gesprungen. Es wird der Springsitz eingenommen. Verweigert ein Pferd den Sprung, wird das Hindernis sofort freigemacht um nachfolgende Reiter nicht zu behindern. Der Reiter versucht, sich einem sicher springenden Pferd anzuschließen.

Wie vermeidet man, dass das Pferd im Gelände zu schnell wird?	☐ Man sollte temperamentvolle Pferde vor dem Ausritt in der Reitbahn ausreichend bewegen oder longieren. Auch ein ruhiges Begleitpferd kann die Gefahr verringern. Lange Schrittpausen in zwanglosem Bummeltempo beruhigen die Nerven bei Reiter und Pferd. Aber es gilt: Temperamentvolle Pferde sollten nur von routinierten Reitern im Gelände geritten werden!
Was muss der Tete-Reiter beachten?	☐ Er muss den Überblick über die ganze Gruppe haben. Dazu muss er sich durch Zurückschauen überzeugen, ob die Sicherheitsabstände von ca. zwei Pferdelängen eingehalten werden. Durch Handzeichen oder Zurufe kündigt er Gangartenwechsel oder Halten an. Bei großen Gruppen muss die Information nach hinten durchgegeben werden.
Wie wird der Tete-Reiter ausgewechselt?	☐ Die Gruppe pariert zum Schritt durch. Der neue Tete-Reiter reitet im Trab an der Gruppe vorbei und pariert erst wieder in den Schritt durch wenn der Sicherheitsabstand gegeben ist.
Darf der Tete-Reiter beim Reiten in der Gruppe überholt werden?	☐ Nein, der Tete-Reiter darf nie überholt werden! Sollte es doch einmal nötig werden, weil man sein Pferd nicht mehr zurückhalten kann, sollte man dies dem Tete-Reiter zurufen.
Wo reiten schwächere bzw. stärkere Reiter in der Gruppe?	☐ Am Anfang und am Ende gehen zuverlässige Pferde mit guten Reitern. Die schwächeren Reiter sind in der Mitte. Temperamentvolle Pferde gehen in der Gruppe weiter vorne, aber nicht am Anfang.
Wann darf man nebeneinander reiten?	☐ Wenn das Gelände gut übersichtlich ist, kann man auch nebeneinander reiten. Es ist dann aber auf einen seitlichen Sicherheitsabstand zu achten.
Wie geht man vor, wenn einer aus der Gruppe stürzt?	☐ Der Sturz ist sofort an alle durch zu melden. Der Schlussreiter sorgt dafür, dass die Gruppe zusammen bleibt und sofort anhält.
Warum ist es wichtig, den Umgang mit einem Handpferd zu beherrschen?	☐ Falls ein Mitreiter sich verletzt hat und das Pferd nicht mehr reiten kann, muss dieses als Handpferd mit nach Hause geführt werden.

Kapitel 7: Reiten im Verband bzw. in der Kolonne

🐴 Ab wann gilt eine Reitergruppe als Verband?	☐ Ab drei Reitern. Die Reiter reiten dann in Einer- oder Zweierreihen auf der rechten Straßenseite und halten den Sicherheitsabstand von einer Pferdelänge. Einzelne Reiter dürfen den Verband nicht verlassen! Der Verband muss ausreichend beleuchtet sein.
🐴 Wie lang darf ein geschlossener Verband sein?	☐ Nie länger als 25 Meter, das sind in der Regel zwölf Reiter. Ist die Gruppe größer muss in zwei Verbänden geritten werden, wobei zwischen den beiden Verbänden wiederum 25 Meter Abstand sein muss, um überholenden Fahrzeugen eine Ausweichmöglichkeit zu geben.
🐴 Wie überquert man als Verband die Straße mit einer Ampel?	☐ Wenn die ersten Reiter die Ampel überquert haben und die Ampel auf rot schaltet, müssen die nachfolgenden Reiter dem Verband folgen!
🐴 Wie sehen die korrekten Handzeichen aus?	☐ Die Handzeichen werden vom Anfangsreiter mit dem rechten Arm deutlich gegeben.

Präge Dir die Handzeichen gut ein und übe sie !

Achtung!

Anreiten Trab

Anreiten Galopp

Anreiten Schritt

Durchparieren niedrigere Gangart

🐴 Wo darf man im Wald reiten?	☐ Grundsätzlich nur auf Wegen und Straßen. Einzelheiten werden in den verschiedenen Ländern unterschiedlich geregelt.
🐴 Wo reitet man auf Feldwegen mit tiefen Treckerspuren?	☐ Hier reitet man auf dem Mittelstreifen.
🐴 Wo darf man im Wald keinesfalls reiten?	☐ Durch Forstkulturen, Dickungen, eingesäte Äcker und alle Neuanpflanzungen. Verboten sind auch Wiesen, Felder, Fuß- und Radwege. In den Wintermonaten darf man nur mit Genehmigung des Besitzers über Wiesen reiten.
🐴 Wo bekomme ich darüber Informationen?	☐ Bei dem zuständigen Forst- und Landwirtschaftsamt oder bei den ansässigen Reitvereinen. Die Landesverbände warten auch mit Merkblättern auf.
🐴 Wie überquert man Wiesen und Felder in einer Gruppe?	☐ Vorher unbedingt die Erlaubnis einholen! Dann verteilen sich die Reiter auf der ganzen Breite, um möglichst wenig Flurschaden zu verursachen.
🐴 Was beachtet man bezüglich der Jagdzeiten?	☐ Während der Jagdzeiten sollte nicht vor sieben Uhr morgens und nicht nach 19 Uhr geritten werden. Die Jagdzeiten sind in den Bundesländern unterschiedlich geregelt. Man kann sie beim zuständigen Forstamt erfragen.
🐴 Wie verhält man sich, wenn man Fußgängern oder Radfahrern begegnet?	☐ Der Anfangsreiter pariert die Gruppe zum Schritt durch. Es wird in einem großen Bogen um diese Verkehrsteilnehmer herum geritten. Man kann auch höflich grüßen.
🐴 Was beachtet man bei langanhaltender Nässe?	☐ Bei nassen Böden ist die Rutschgefahr deutlich höher und man macht auch deutlich mehr Flurschaden!

Kapitel 9: Reiten im Straßenverkehr

🐴 Was sind die Gebote beim Reiten auf der Straße?	☐ Jeder Verkehrsteilnehmer muss sich so verhalten, dass kein anderer geschädigt, gefährdet, behindert oder belästigt wird.
🐴 Wo reitet man, wenn kein Reitweg vorhanden ist?	☐ Ist ein Reitweg vorhanden, **muss** dieser benutzt werden. Ansonsten wird ganz rechts und hintereinander geritten.
🐴 Wie reitet man auf der Straße?	☐ Auf der Straße reitet man immer im Schritt.
🐴 Was beachtet man beim Reiten im Straßenverkehr?	☐ Hier muss man in kritischen Situationen die Zügel verkürzen. Dabei soll das Pferd immer wieder durch Annehmen und Nachgeben der Hand wieder beruhigt werden.
🐴 Wie reitet man im Straßenverkehr mit einem Pferd das noch nicht sicher ist?	☐ Man deckt das unsichere Pferd mit einem ruhigem Pferd ab, das heißt, man verstellt ihm die Sicht auf den Verkehr.
🐴 Wie überquert man eine Straße?	☐ Grundsätzlich überqueren alle Reiter zeitgleich die Straße, indem sie alle auf Kommando der Tete abwenden. So wird vermieden, dass die Straße unnötig lange blockiert wird. Bei Dunkelheit oder schlechter Sicht an seitliche Beleuchtung denken!
🐴 Welche Gefahren bestehen ?	☐ Man muss streng darauf achten, dass keine Lücke zwischen den Pferden entsteht, damit kein Fahrzeug dazwischen durchfahren kann. Von der Gruppe getrennte Pferde könnten leicht nervös werden. Autofahrer die rücksichtsvoll anhalten, kann man durch Handzeichen freundlich danken.
🐴 Wo werden Pferde auf der Straße geführt?	☐ Auch für das Führen von Pferden gelten die Verkehrsregeln für den Straßenverkehr. Also auf der linken Seite.
🐴 Was beachtet man in der Dämmerung oder bei schlechter Sicht?	☐ In diesem Fall muss man eine nicht blendende Leuchte mit weißem Licht mitführen. Auch Stiefelleuchten am linken Bein sowie reflektierende Kleidung sind empfehlenswert.
🐴 Was ist grundsätzlich im Straßenverkehr verboten?	☐ Pferde, die den Verkehr gefährden dürfen nicht auf die Straße! Außerdem dürfen Pferde nicht vom Fahrrad oder Auto aus geführt werden. Es dürfen auch nicht mehr als zwei Handpferde mitgeführt werden.

Kapitel 10: Gangarten

Was sind die Grundgangarten des Pferdes?	☐ Schritt, Trab und Galopp.
Wie ist der Takt im Schritt?	☐ Der Schritt ist ein Viertakt.
Wie ist die Fußabfolge im Schritt?	☐ Alle vier Pferdebeine bewegen sich einzeln nach vorne. Zum Beispiel: Vorne links, hinten rechts, vorne rechts, hinten links.

Wie ist der Takt im Trab?	☐ Im Trab ist es ein Zweitakt.
Wie ist die Fußfolge im Trab?	☐ Im Trab bewegen sich die diagonalen Beinpaare im Wechsel nach vorne. Zum Beispiel: Vorne links und hinten rechts gleichzeitig, danach vorne rechts und hinten links gleichzeitig. Dazwischen liegt immer eine Schwebephase.

Wie ist der Takt im Galopp?	☐ Galopp ist ein Dreitakt.
Wie ist die Fußabfolge im Galopp?	☐ Je nachdem, ob das Pferd im Rechts- oder Linksgalopp läuft, bewegen sich die Beine wie folgt: Linksgalopp: rechter Hinterfuß, dann linker Hinterfuß zusammen mit rechtem Vorderfuß, dann linker Vorderfuß. Schwebephase. Umgekehrt gilt dies dann für den Rechtsgalopp.

Auf welcher Hand galoppiert dieses Pferd?

🐴 Was ist ein Handgalopp?	☐ Reitet man auf der rechten Hand, so sollte das Pferd auch in einem Rechtsgalopp angaloppieren und umgekehrt. Das ist dann der sogenannte Handgalopp. Man bezeichnet ihn auch als Innengalopp.
🐴 Was ist ein Außengalopp?	☐ Im Grunde ist der Außengalopp das Gegenteil vom Handgalopp. Reitet man auf der rechten Hand und das Pferd galoppiert auf der linken Hand an – oder umgekehrt, so bezeichnet man dies als Außengalopp. In höheren Dressurprüfungen wird dies auch verlangt.
🐴 Was ist ein Kreuzgalopp?	☐ Beim Kreuzgalopp läuft das Pferd vorne im Linksgalopp und hinten im Rechtsgalopp, oder umgekehrt. Dies ist für das Pferd schädlich und auch für den Reiter unangenehm zu sitzen.
🐴 Was ist eine Schwebephase?	☐ Die Schwebephase ist der Moment, in dem kein einziges Pferdebein den Boden berührt. Dies ist nur im Trab und im Galopp möglich.
🐴 Was versteht man unter dem Begriff „Tempowechsel innerhalb einer Gangart?	☐ Damit wird das Verlängern oder Verkürzen der Schritte, Trabtritte oder Galoppsprünge bezeichnet.

🐴 Wie kann man das Tempo beeinflussen?	☐ Die Geschwindigkeit ergibt sich aus dem Fleiß, mit dem das Pferd die Hinterbeine unter den Schwerpunkt setzt.
🐴 Was bedeutet der Begriff „Einfussen"?	☐ Damit ist das Aufsetzen des jeweiligen Hinterhufes in den Abdruck des Vorderhufes gemeint. Je mehr ein Pferd einfusst desto höher ist sein Tempo und sein Fleiß.
🐴 Was sind Spezialgangarten?	☐ Die bekanntesten sind Pass oder Tölt. Gangpferde, wie z.B. Isländer beherrschen solche Gangarten sehr gut.

Nummeriere die Abfolge der Tritte in den verschiedenen Gangarten!

Schritt	Trab	Linksgalopp	Rechtsgalopp

🐴 Was passiert auf einer Dreiecksbahn?	☐ Hier wird das Pferd an der Hand vorgestellt um z. B. eine Eintragung in ein Zuchtbuch zu erreichen. Pferde werden auch auf Auktionen oder Körungen auf der Dreiecksbahn präsentiert.
🐴 Wie bereitet man das Pferd darauf vor?	☐ Das Pferd muss in einem hervorragenden Zustand sein. Das Fell muss glänzen, das Langhaar eingeflochten oder sauber gebürstet sein. Die Hufe sind gerundet und sauber, dürfen aber nicht gefettet sein, damit etwaige Mängel nicht verdeckt werden.
🐴 Wie rüstet man das Pferd aus?	☐ Das Pferd wird ausschließlich mit einer Trense vorgestellt. Bandagen und Gamaschen sind verboten, da diese Teile des Pferdebeines verstecken.
🐴 Was muss der Führende bedenken?	☐ Der Führende trägt angemessene Kleidung und verzichtet auf Reitstiefel, da er damit nicht richtig laufen kann. Außerdem benötigt er einen Peitschenführer.
🐴 Was muss man alles auf der Dreiecksbahn vorführen?	☐ Der Führende zeigt auf der Dreiecksbahn die Gangarten Schritt und Trab, als auch eine Aufstellung des Pferdes von beiden Seiten.
🐴 Worauf achtet die Prüfungskommission?	☐ Diese möchte Takt, Fleiß und Raumgriff sehen. Das Pferd soll sich in Schritt und Trab frei und natürlich bewegen können.

Male Deinen Weg durch die Dreiecksbahn!

Wie wird ein Pferd zum Verladen ausgerüstet?	☐ Es benötigt ein gut sitzendes Halfter mit Führstrick, Verladegamaschen, Schweifschutz und wenn nötig eine Decke. Nervöse Pferde bekommen eventuell einen Kopfschutz und auch eine Führkette.
Wie ist der Reiter, der das Pferd verlädt ausgerüstet?	☐ Verladen ist eine gefährliche Angelegenheit, vor allem, wenn das Pferd ungeübt ist. Deshalb ist es wichtig Handschuhe, festes Schuhwerk und einen Helm zu tragen.
Was beachtet man bei Zugfahrzeug und Anhänger?	☐ Das Zugfahrzeug muss eine ausreichende Stützlast haben, die Reifen müssen etwas mehr Druck bekommen und man sollte, wenn nötig vor dem Verladen tanken. Die Lichtanlage des Anhängers sollte vor dem Verladen kontrolliert werden.
Wie kuppelt man den Anhänger an?	☐ Die Kupplungsklaue muss auf der Anhängekupplung richtig einrasten. Das Sicherungsseil für die Handbremse wird über die Anhängekupplung gelegt, damit der Anhänger gebremst wird, sollte er sich lösen. Die Elektrik wird eingesteckt und das Stützrad wird hochgezogen und gesichert, damit man es unterwegs nicht verliert.
Was muss man für das Pferd auf einer Reise oder zu einem Turnier mitnehmen?	☐ Auf längeren Reisen sollte man immer das gewohnte Futter dabei haben. Manche Pferde sind auch mit dem Wasser sehr empfindlich. Sollte dies so sein, nimmt man auch einen Kanister Wasser mit. Ansonsten das benötigte Sattelzeug, Pflegeartikel und einen Stallbesen zum Reinigen des Hängers.
Wie legt man eine Führkette an?	☐ Die Führkette wird auf der linken Seite durch die untere Halfteröse geführt, dann über Nasenrücken bzw. Kinnpartie gelegt. Auf der rechten Seite wird sie wieder durch den unteren Halfterring geführt. Den Karabinerhaken hängt man rechtsseitig im oberen Halfterring ein.

🐴 Was beachtet man vor dem Einladen? 	☐ Beim Öffnen der Rampe immer an der Seite stehen, denn sie ist sehr schwer! Die Rampe muss gerade auf dem Boden aufliegen und darf nicht wackeln. Die Verschlusshebel werden unter die Rampe gedreht, damit sich das Pferd nicht daran verletzen kann. Die Seitentür am Anhänger wird geöffnet, damit man dann vorne den Anhänger verlassen kann.
🐴 Wie lädt man das Pferd ein?	☐ Links und rechts neben der Rampe stehen zwei Hilfspersonen, die dem Pferd Sicherheit geben und darauf achten, dass das Pferd gerade in den Anhänger geht. Eine dritte Person führt das Pferd zügig und konsequent in den Anhänger.
🐴 Und wenn das Pferd im Anhänger steht?	☐ Steht es auf dem Anhänger, hängen die Hilfspersonen sofort die Querstange ein, damit das Pferd nicht mehr rückwärts treten kann. Erst dann darf das Pferd vorne angebunden werden. Die Rampe wird vorsichtig geschlossen, damit sich das Pferd nicht erschrickt. Die Seitentür des Anhängers gut verschließen.
🐴 Wie kann man einem Pferd das Verladen erleichtern?	☐ Man legt den Anhänger mit Stroh aus, hängt einen Heunetz auf und stellt die Zwischenwand an die Seite, damit es beim Verladen mehr Platz hat.

🐴 Wie kann man mit jungen Pferden das Verladen üben?	☐ Man braucht viel Zeit und Geduld und sollte es oft üben. Man stattet den Anhänger wie eine Box aus, und parkt ihn mit einer Seite dicht an eine Wand, damit das Pferd schon mal an einer Seite begrenzt ist. Dann versucht man es in aller Ruhe und spart nicht mit Lob und Belohnung. Man kann auch zunächst ein erfahrenes Pferd auf den Anhänger stellen.
🐴 Was macht man, wenn sich ein Pferd nicht verladen lässt?	☐ Man kann an beiden Seiten des Anhängers eine Longierleine befestigen und diese dann über den Sprunggelenken des Pferdes kreuzen. Man zeigt dem Pferd damit, dass es keine Ausweichmöglichkeit nach hinten oder zur Seite gibt. Dies ist aber nicht ungefährlich und sollte nur von erfahrenen Reitern gemacht werden.
🐴 Auf welcher Seite verlädt man, wenn man nur mit einem Pferd fährt?	☐ Fährt man viel Landstraße, ist es besser links zu verladen, denn man schützt das Pferd vor dem abschüssigen und rauen Bankett. Fährt man viel Autobahn, verlädt man besser rechts, denn dann sieht das Pferd überholende Laster nicht so sehr.
🐴 Wie verhält man sich als Fahrer mit Anhänger?	☐ Man fährt vorsichtig und umsichtig! Vor allem in den Kurven muss er langsam fahren, denn das Pferd weiß nicht, wann abgebogen wird. Außerdem muss der Fahrer einen deutlich längeren Bremsweg einkalkulieren.
🐴 Wie wird das Pferd ausgeladen?	☐ Nach dem Öffnen der Anhängerklappe wird das Pferd zu allererst losgebunden. Erst dann wird hinten die Querstange geöffnet. Das Pferd wird vorsichtig rückwärts geführt, wobei man den Kopf des Pferdes zur Außenwand des Anhängers drückt, damit es auf der Rampe nicht danebentritt. Hilfspersonen geben dem Pferd beim Ausladen Sicherheit, indem sie ihm gut zureden.

Kleiner Leitfaden zum Ankuppeln

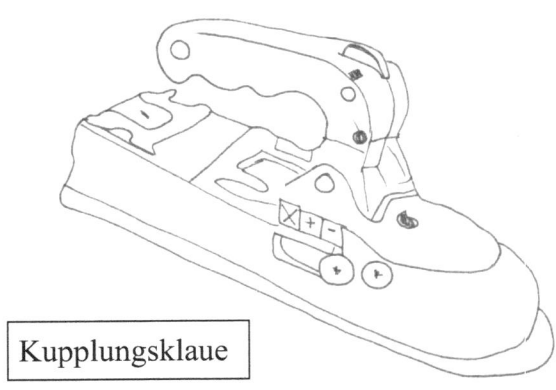

Kupplungsklaue

1. Die Kupplungsklaue wird über der Anhängerkupplung positioniert. Man kurbelt das Stützrad so lange nach unten, bis die Klaue auf der Anhängerkupplung einrastet. Ob sie eingerastet ist, kann man an einem kleinen + Zeichen erkennen.

Anhängerkupplung

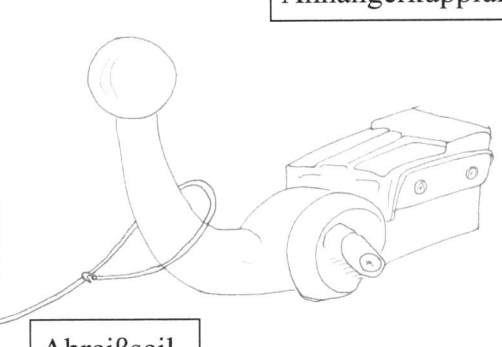

Abreißseil

2. Jetzt das Abreißseil über die Anhängerkupplung legen. Dieses Seil sorgt dafür, dass der Anhänger gebremst wird, sollte die Kupplung brechen.

Stecker für Elektrik

3. Jetzt muss noch der Stecker für die Beleuchtung des Anhängers am Auto unterhalb der Anhängerkupplung eingesteckt werden. Man sollte alle Außenlampen und die Innenbeleuchtung des Anhängers vor der Abfahrt immer überprüfen.

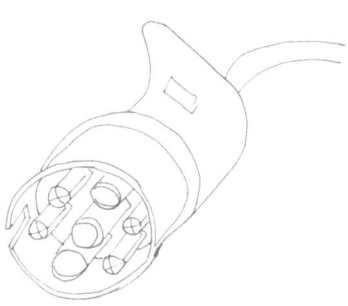

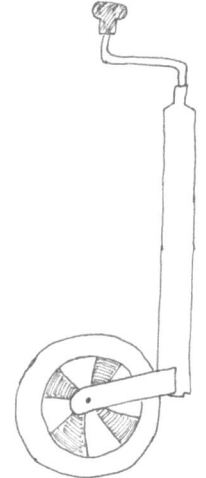

4. Zuletzt noch das Stützrad hochkurbeln, bis es ganz eingeklappt ist und die Reise kann losgehen.

Stützrad

🐴 Welche Haltungsformen gibt es?	☐ Gruppenauslaufhaltung und Boxenstallhaltung sind die bekanntesten Formen.
🐴 Wie funktioniert die Boxenhaltung und für welche Pferde eignet sie sich?	☐ Hier ist das Pferd fast immer in seiner Box und somit darauf angewiesen, dass sich der Besitzer täglich darum kümmert. Diese Haltung eignet sich für Turnier- und Leistungspferde, da hier die Verletzungsgefahr am geringsten ist und die Pferde jederzeit verfügbar sind.
🐴 Wie funktioniert die Gruppenauslaufhaltung und für welche Pferde eignet sie sich?	☐ Hier sind die Pferde sowohl im Sommer als auch im Winter immer auf der Weide und haben nur einen Offenstall. Dies eignet sich gut für Freizeitpferde.
🐴 Wie sieht ein Offenstall aus?	☐ Der Offenstall hat drei geschlossene Wände, wobei die offene Seite zur windärmsten Seite zeigt. Der Boden ist trocken und gut eingestreut.
🐴 Was ist eine Laufstallhaltung?	☐ Hier teilen sich mehrere Pferde einen größeren Stall. Es sollte auch mehrere Futterstellen geben, damit es nicht zu Streitereien kommt.

🐴 Wie funktioniert ein Aktivstall?	☐ Hier leben die Pferde im Herdenverband in Offenstallhaltung und bewegen sich frei in einem eingezäunten Bereich. Die Fütterung erfolgt automatisch über Transponderhalsbänder die von einem Computer gesteuert werden. Dieser entscheidet über die Futtermenge und den Fütterungszeitpunkt.
🐴 Und was ist mit der Ständerhaltung?	☐ Dabei sind die Pferde angebunden und nur durch halbhohe Wände voneinander abgegrenzt. Die Pferde können sich nicht umdrehen oder hinlegen. Ständerhaltung ist in Deutschland mittlerweile verboten.
🐴 Was gibt es für Einstreumöglichkeiten?	☐ Es gibt mittlerweile sehr viele verschiedene Arten von Einstreu. Dazu gehören z.B. Stroh, Späne, Maisstroh oder Strohpellets.
🐴 Welche Einstreu wähle ich für welches Pferd?	☐ Üblicherweise streut man mit Stroh oder Maisstroh ein. Das Pferd kann dann auch seinen Raufutterbedarf abdecken. Pferde, die gerne alles auffressen, stellt man auf Späne.
🐴 Was passiert mit dem Pferdemist?	☐ Man muss täglich gründlich ausmisten. Der Mist wird auf einem Misthaufen gelagert, der dann vom Bauern abgefahren wird. Stroh macht am meisten Mist.
🐴 Was sollte man beim Einstreuen von Stroh beachten?	☐ Wenn man frisches Stroh nachstreut, sollte man unbedingt darauf achten, dass das Stroh nicht verschimmelt ist und die Strohbänder entfernt sind.
🐴 Wie funktioniert Matratzenstreu?	☐ Hier wird aus Stroh oder Späne im Laufe des Winters eine Matratze gebildet. Auch hier wird täglich gründlich ausgemistet. Das ist zwar für die Pferde warm, wenn sie sich hinlegen, allerdings atmen sie viel Ammoniak ein, was zu Atemwegserkrankungen führen kann. Hier ist Vorsicht geboten.

🐴 Wie sieht ein guter Stall aus?	☐ Ein guter Stall ist groß, hell, luftig aber ohne Zugluft.
🐴 Welche Fläche muss eine Pferdebox haben?	☐ Die Boxengröße errechnet sich aus der Größe des Pferdes: Stockmaß mal 2 und diese Zahl ins Quadrat.
🐴 Sollen sich die Pferde sehen können?	☐ Pferde sind Herdentiere und brauchen den Kontakt zu anderen Tieren.
🐴 Was beachtet man bezüglich der Fenster?	☐ Man rechnet pro Pferd mindestens einen Quadratmeter Fensterfläche. Ist das Fenster in der Box, muss es mit Eisengittern gesichert sein.
🐴 Was beachtet man bei den Boxentüren?	☐ Boxentüren sollten mindestens 1,10 Meter breit sein und sich entweder aufschieben oder ganz an die Wand schlagen lassen. Ein sicherer Riegel, den das Pferd nicht öffnen kann ist sinnvoll.
🐴 Was beachtet man bei den Gitterstäben?	☐ Die Gitterstäbe sollten nicht weiter als vier Zentimeter auseinander sein, da das Pferd sich sonst mit den Hufen darin verkannten kann.
🐴 Wohin kommen Trog und Tränke, als auch Lecksteinhalter?	☐ Trog, Tränke und Lecksteinhalter werden in Höhe des Buggelenks in unterschiedlichen Ecken der Box angebracht.
🐴 Wie kann man die Luft im Stall frisch halten?	☐ Türen und Fenster sollen häufig zum Lüften geöffnet werden. Man kann auch vergitterte Außentüren anschaffen und diese nachts offen lassen. Vor dem Fegen sollte man die Stallgasse anfeuchten.
🐴 Was ist eine Zwangslüftung?	☐ Hier sorgen Ventilatoren für die Zuführung von frischer Luft.
🐴 Was beachtet man bezüglich der Elektrik?	☐ Elektrische Anlagen müssen immer von einem Fachmann installiert werden. Außerdem dürfen sie nie in Reichweite eines Pferdes sein.
🐴 Wo lagert man die Ausrüstung fürs Pferd?	☐ In einer abschließbaren Sattelkammer.

🐴 Warum sollte man das Pferd direkt nach dem Füttern nicht beanspruchen?	☐ Pferde brauchen, bedingt durch ihren kleinen Magen, viel Zeit zum Verdauen. Belastet man das Pferd zu schnell, kann es zu Koliken kommen.
🐴 Wie lange sollte man nach dem Füttern warten?	☐ Mindestens eine Stunde.
🐴 Wie oft wird ein Pferd gefüttert?	☐ Aufgrund des kleinen Magens füttert man mehrere kleine Mahlzeiten über den Tag verteilt, aber mindestens dreimal täglich.
🐴 Wann wird das Pferd gefüttert?	☐ Morgens, mittags und abends, wobei man abends die größte Portion gibt, da das Pferd nun viel Zeit zum Verdauen hat. Man füttert immer zur gleichen Zeit und sorgt für Ruhe beim Fressen.
🐴 Wie teilt man die Futtermittel ein?	☐ In Kraftfutter, Saftfutter und Raufutter.
🐴 Was gehört alles zum Kraftfutter?	☐ Hafer, Mais, Gerste, Müsli und Pellets.
🐴 Was sind Pellets?	☐ Hier wird das Futter speziell aufbereitet, entstaubt und dann gepresst.
🐴 Was gehört alles zum Raufutter?	☐ Heu und Stroh, Heulage, Heusilage und Maissilage.
🐴 Wie sieht gutes Heu aus?	☐ Es soll von grüner Farbe, langhalmig und staubfrei sein.
🐴 Was ist Heusilage, Heulage und Maissilage?	☐ Man kann alle Grünfutterarten zu Silage verarbeiten. Dazu wird das Grünfutter in Folie gewickelt und vergoren. Heulage hat weniger Eiweiß als Heusilage. Es gibt auch Maissilage aus Mais.
🐴 Warum ist Heu und Stroh so wichtig für das Pferd?	☐ Die grobe Struktur ist wichtig für die Verdauung, für das Sättigungsgefühl und zur Beschäftigung der Pferde.

Was gehört alles zum Saftfutter?	☐ Alles, was richtig saftig ist: Äpfel, Möhren, Rüben und vor allem Gras.
Warum ist das Saftfutter so wichtig?	☐ Darin sind Vitamine, die das Pferd braucht. Außerdem ist es eine schöne Abwechslung im Speiseplan. Vitamine und Mineralien kann man auch in Form von Pulver oder Pellets kaufen.
Wie viel Saftfutter darf man füttern?	☐ Täglich nur ein bis zwei Hände voll, da das Pferd sonst Durchfall bekommen kann.
Was beachtet man zu Beginn der Weidezeit?	☐ Das Pferd darf nur ein bis zwei Stunden auf die Weide damit es sich langsam an das Gras gewöhnt, das sehr viel Kohlenhydrate enthält. Zu viele Kohlenhydrate führen zu Huferkrankungen, Durchfall oder auch Kolik.
Wie wird das Futter bemessen, für Pferde die nicht bewegt werden dürfen?	☐ Das Kraftfutter wird reduziert, dafür gibt es mehr Saft- und Raufutter.
Welches Zusatzfutter benötigt das Pferd noch?	☐ Wichtig ist auch ein Mineral-, bzw. Salzleckstein. Damit decken die Pferde ihren Mineralhaushalt ab.
Wie oft tränkt man ein Pferd?	☐ Mindestens dreimal täglich bei einem Wasserbedarf von 30 bis 40 Litern.
Was beachtet man bei der Selbsttränke?	☐ Diese muss natürlich funktionieren und sollte auch immer sauber sein. Dies sollte täglich kontrolliert werden.
Wie sollte die Wasserqualität sein?	☐ Das Wasser muss sauber, frisch und geruchsfrei sein. Im Winter kann man das Wasser etwas anwärmen.
Wie tränkt man ein verschwitztes Pferd?	☐ Man wartet, bis das Pferd abgeschwitzt ist. Sollte die Zeit dafür nicht gegeben sein, legt man Stroh auf das Wasser und/oder lässt das Gebiss im Maul. Dann kann das Pferd nicht so schnell trinken.

Was sind die P.A.T.-Werte?	☐ Puls, Atmung und Temperatur.
Wie hoch ist der Puls des Pferdes in Ruhe?	☐ Zwischen 28 und 40 Schlägen in der Minute.
Wie oft atmet ein Pferd in Ruhe?	☐ Zwischen 10 und 16 Atemzüge in der Minute.
Wie hoch ist die Temperatur in Ruhe?	☐ Zwischen 37,5 und 38,2 Grad.
Woran erkennt man, ob das Pferd krank ist?	☐ Es ist schlapp und teilnahmslos, es frisst nicht, stöhnt, schwitzt oder friert.
Wie erkennt man einen Satteldruck?	☐ Das Pferd ist anfangs druckempfindlich. Dann kommt es zu haarlosen Stellen, die dann auch zu offenen Scheuerstellen werden können. Tiefere Verletzungen wachsen mit weißen Haaren nach.

🐎 Wie verhindert man Satteldruck?	☐ Der Sattel muss gut angepasst sein und die Sattel- und Gurtlage muss immer vorher gründlich geputzt werden. Ein rechtzeitiges Nachgurten schützt auch.
🐎 Was macht man bei stark blutenden Verletzungen?	☐ Man legt einen Druckverband an und ruft zügig den Tierarzt.
🐎 Was macht man bei einem Nageltritt?	☐ Da sich bei einer Verletzung des Hufes durch Eintreten spitzer Gegenstände der Huf leicht entzünden kann, sollte immer der Tierarzt zugezogen werden. Tetanusschutz überprüfen!
🐎 Wie behandelt man Verletzungen um das Auge?	☐ Um das Auge darf man kein Desinfektionsmittel benutzen. Stattdessen nimmt man abgekochtes Wasser mit Kamille und einen sterilen Tupfer.
🐎 Wie versorgt man einen Bluterguss?	☐ Blutergüsse werden so lange gekühlt, bis sie abgeklungen sind. Dann kann man das Pferd wieder langsam bewegen. An den Beinen kann man Kühlkompressen anwickeln, am Körper kann man spezielle Kühlgels aufbringen.
🐎 Was ist ein Einschuss und was kann man dagegen tun?	☐ Ein Einschuss ist eine rasch anschwellende Stelle an einem der Beine, die durch eine kleine Verletzung hervorgerufen wird. Man desinfiziert und kühlt die Stelle, und zieht im Zweifelsfall den Tierarzt hinzu.
🐎 Was ist Mauke und wie kann man sie behandeln?	☐ Mauke ist eine Entzündung der Fesselbeuge. Sie entsteht, wenn das Pferd zu lange in Nässe und Schmutz steht. Man rasiert den Behang ab, reinigt mit milder Seife, desinfiziert und behandelt mit Jodsalbe. Das Pferd muss trocken aufgestallt werden.
🐎 Was ist Strahlfäule und wie behandelt man sie?	☐ Strahlfäule ist eine Entzündung des Hufstrahls. Sie entsteht ebenfalls, wenn das Pferd zu lange in Nässe und Schmutz steht. Man entfernt so viel entzündetes Horn wie möglich, desinfiziert und behandelt z. B. mit Jodoformäther. Das Pferd muss trocken aufgestallt werden.

🐴 Was macht man bei Husten?	☐ Zuerst misst man Fieber. Sollte das Pferd erhöhte Temperatur haben, eindecken und den Tierarzt rufen. Hat es kein Fieber, kann man es schonend an der frischen Luft bewegen.
🐴 Wie erkennt man eine Kolik und wie behandelt man sie?	☐ Bei einer Kolik kann das Pferd nicht mehr misten und hat schlimme Bauchschmerzen. Es stellt die Hinterbeine weit ab, guckt sich oft zum Bauch um, schwitzt und ist allgemein unruhig. Es legt sich oft hin und wälzt sich. Bei Verdacht auf Kolik Pferd eindecken, Tierarzt rufen und das Pferd solange im Schritt führen, bis der Tierarzt eintrifft.
🐴 Was ist ein Kreuzverschlag und was tut man dagegen?	☐ Ein Kreuzverschlag ist eine Kohlenhydratvergiftung (zu viel Kraftfutter, zu wenig Bewegung, Überanstrengung). Das Pferd ist auf beiden Hinterbeinen lahm und der Rückenmuskel ist verhärtet. Der Urin kann colafarben sein. Es besteht Lebensgefahr wegen Nierenversagen. Sofort den Tierarzt rufen!
🐴 Was macht man bei starkem Nasenausfluss?	☐ Hat das Pferd starken Nasenausfluss, der weiß, grün oder rot sein kann, muss man unbedingt den Tierarzt rufen. Es kann eine Erkrankung der Lunge vorliegen.

Aufgabe:

Versuche, Puls, Atmung und Temperatur Deines Pferdes zu messen und
vergleiche mit den Normalwerten. Lege einen Druckverband an und übe,
dem Pferd korrekt eine Decke aufzulegen.

🐴 Was kann man gegen Wurmerkrankungen tun?	☐ Zwei – bis viermal im Jahr muss das Pferd eine Wurmkur bekommen. Diese Wurmkur wechselt man immer wieder, damit es zu keiner Resistenz kommt. Es empfiehlt sich, alle Pferde eines Stalles gemeinsam zu entwurmen.
🐴 Wie erkennt man eine Pilzerkrankung und was macht man dagegen?	☐ Pilzerkrankungen erkennt man an erbsengroßen Erhebungen im Deckhaar. Später fallen die Haare auch aus. Pilz ist sehr ansteckend. Alle Decken mit Obstessig waschen. Auch das Sattel- und Putzzeug muss damit desinfiziert werden. Zur Behandlung sollte man den Tierarzt dazu holen.
🐴 Wogegen soll das Pferd geimpft werden?	☐ Influenza, Tetanus, Herpes und wenn nötig Tollwut.
🐴 Was steht im Equidenpass und wer braucht ihn?	☐ Der Equidenpass ist Pflicht. Er wird vom Tierarzt ausgestellt. Darin sind folgende Daten vermerkt: • Name des Pferdes • Stammbaum • Abzeichen und Farben • Chipnummer • Impfungen • Entsorgung (Hier ist vermerkt, ob das Pferd, wenn es stirbt, in die Nahrungskette kommt oder nicht).
🐴 Was macht man, wenn das Pferd Giftpflanzen gefressen hat?	☐ Man ruft sofort den Tierarzt. Wenn möglich zeigt man ihm die Pflanze, die das Pferd gefressen hat.

Aufgabe:
Lerne die Giftpflanzen ! Du findest Sie auf der Rückseite Deines Heftes.

Welcher Grundsatz gilt immer bei Reitunfällen?	☐ Erst der Reiter dann das Pferd!
Was wird beim Verletzten zu erst geprüft?	☐ Zuerst werden die BAP-Werte überprüft. BAP steht für Bewusstsein, Atmung und Puls.
Was tut man, wenn der Verletzte kein Bewusstsein mehr hat?	☐ Man bringt ihn in die stabile Seitenlage. **Aufgabe:** Überprüfe die Atmung und bringe den verletzten Reiter in die stabile Seitenlage.
Was tut man, wenn der Verletzte keinen Puls mehr hat?	☐ Es werden Wiederbelebungsmaßnahmen angewendet, sofern man diese beherrscht.
Was tut man, wenn der Verletzte ansprechbar ist?	☐ Man beruhigt den Reiter und sucht ihn nach Verletzungen ab. Hat man den Verdacht einer Wirbelsäulenverletzung, darf er auf keinen Fall bewegt werden.
Was sollte man noch für den Verletzten tun?	☐ Man deckt den Verletzten gut zu, damit er seine Körperwärme nicht verliert. Dazu kann man Decken oder Jacken benutzen.
Was tut man bei stark blutenden Wunden?	☐ Es muss ein Druckverband angelegt werden.
Was tut man bei leicht blutenden Wunden?	☐ Es sollten alle Wunden abgedeckt werden, kein Schmutz hineingerät. Wenn man kein Verbandzeug hat, kann man auch saubere Stoffstücke nehmen.
Was muss sofort nach der Erstversorgung passieren?	☐ Über Handy wird der Rettungsdienst angefordert. Die Nummer lautet 112.
Was muss man dem Rettungsdienst mitteilen?	☐ Hier gelten die fünf „W's": • **Wo** ist es passiert? • **Was** ist passiert? • **Wie** viele Verletzte gibt es? • **Welche** Arten von Verletzungen gibt es? • **Warten** auf Rückfragen

🐴 Was kann man tun, um den Rettungswagen ein schnelles Auffinden des Unfallortes zu ermöglichen?	☐ Man kann an verschiedenen Stellen Einweiser postieren und die Leitstelle über prägnante Gegebenheiten im Gelände informieren.
🐴 Wie geht es dann weiter?	☐ Ist der Verletzte versorgt, kümmert man sich um das Pferd und leistet, wenn nötig, hier erste Hilfe. Ist es ebenfalls verletzt, muss ein Tierarzt verständigt werden.
🐴 Wie geht man mit Pferden um, die weglaufen?	☐ Man versucht ruhig an das Pferd heranzureiten und es mit der Stimme zu beruhigen. Kommt man nahe genug an das Pferd heran, versucht man es am Zügel zu fassen.
🐴 Was tut man mit Pferden, die nicht einzufangen sind?	☐ Hier sollte man sofort die Polizei und den Verkehrsfunk benachrichtigen. Auch ein Anruf im heimischen Stall ist sinnvoll, um eine eventuelle Ankunft des Pferdes zu melden.
🐴 Was kann man für ein verletztes Pferd tun?	☐ Verletzte Pferde sind nicht ungefährlich! Vorsichtiges Annähern und gutes Zureden sind oberstes Gebot. Kann das Pferd laufen, kann man es nach Hause führen. Bei größeren Verletzungen muss der Tierarzt gerufen werden und das Pferd muss mit dem Anhänger abtransportiert werden.

Aufgabe:
Kontrolliere bei Deinem Mitschüler die BAP-Werte und übe die stabile Seitenlage!

Kapitel 17: Tierschutzgesetz

Wo stehen die Gesetzte die die Pferde und auch alle anderen Tiere schützen?	☐ Sie stehen im Tierschutzgesetz.
Was steht in Paragraph 1 dieses Gesetzes?	☐ Einem Tier dürfen ohne vernünftigen Grund keine Schmerzen, Leiden oder Schäden zufügt werden.
Wann erleidet ein Pferd ohne vernünftigen Grund Schmerzen?	☐ Wenn man das Pferd z.B. schlägt, es mit nicht angepassten Sattel/Trense oder mit scharfen Gebissen oder Sporen reitet.
Wann muss ein Pferd ohne vernünftigen Grund leiden?	☐ Wenn man das Pferd z.B. ohne Wasser und Sonnenschutz auf die Weide stellt, oder bei Krankheit den Tierarzt nicht ruft.
Wann erleidet ein Pferd ohne vernünftigen Grund einen Schaden?	☐ Wenn das Pferd z.B. zu hohe Hindernisse springen muss und sich dabei verletzt. Auch das Kupieren des Schweifs, das Ausscheeren der Ohren und Entfernen der Tasthaare sind Schäden. Dies ist in Deutschland mittlerweile verboten.
Was bedeutet artgerechte Haltung?	☐ Es bedeutet: • Großer, heller, luftiger Stall • Kontakt zu anderen Artgenossen • Gründliche Pflege • Angemessene Fütterung • Ausreichende Bewegung
Darf der Reiter dünne Gebisse und /oder scharfe Sporen benutzen?	☐ Ja, aber nur wenn sie sachgemäß eingesetzt werden. Das Gebiss muss bei Pferden mindestens 14 mm und bei Ponys 10 mm dick sein. Gemessen wird außen am Maulwinkel.
Wann verstößt ein Reiter gegen den Tierschutz, wenn er Hilfszügel benutzt?	☐ Wenn der Reiter mit den Hilfszügeln den Hals des Pferdes gewaltsam krumm zieht.
Hat das Pferd auch einen Tag in der Woche frei?	☐ Nein – das Pferd benötigt freie Bewegung. Ist dies gewährleistet, muss das Pferd nicht täglich bewegt werden.

Kapitel 18: Zwölf Gebote für das Reiten im Gelände

Verschaffe Deinem Pferd täglich ausreichend Bewegung unter dem Sattel und auf der Weide oder im Paddock.

Gewöhne Dein Pferd behutsam an den Straßenverkehr und das Gelände.

Vereinbare alle Ausritte mit Freunden – in der Gruppe macht es mehr Spaß und es ist sicherer.

Sorge für ausreichenden Versicherungsschutz für Dich und das Pferd. Verzichte beim Ausritt nie auf den bruch- und splittersicheren Helm mit Drei- oder Vierpunkthalterung.

Kontrolliere täglich den verkehrssicheren Zustand von Zaumzeug und Sattel.

Informiere Dich über die gesetzlichen Regelungen für das Reiten in Feld und Wald in Deiner Region.

Reite nur auf Wegen und Straßen, niemals querbeet und meide ausgewiesene Fuß- Wander- und Radwege, Uferböschungen und Biotope.

Verzichte auf einen Ausritt oder nimm Umwege in Kauf, wenn Wege durch anhaltende Regenfälle weich geworden sind und passe Dein Tempo dem Gelände an.

Begegne Fußgängern, Radfahrern, Reitern, Gespannfahrern und Kraftfahrzeugen immer nur im Schritt und sei freundlich und hilfsbereit zu allen.

Melde unaufgefordert Schäden, die einmal entstehen können und regele entsprechenden Schadensersatz.

Sprich mit Reit- und Fahrkollegen, die gegen diese Regel verstoßen.

Du bist Gast in der Natur und Dein Pferd bereichert die Landschaft, wenn Du Dich korrekt verhältst.

Quelle: Reiterliche Vereinigung
https://www.pferd-aktuell.de/pferdenah/2017/ausgabe-06-2017 ff.

Was muss die erste Aufgabe sein, um einen Wanderritt zu planen?	☐ Man kann nur mit einem sinnvoll trainierten Pferd auf Wanderritt gehen. Dies muss also schon mindestens acht bis zwölf Wochen vor dem Ritt geschehen.
Wie wird das Pferd sinnvoll trainiert?	☐ Das Pferd muss wenigstens drei mal pro Woche bis zu drei Stunden im fleißigem Schritt, Trab und Galopp im Gelände geritten werden. Selbstverständlich muss auch der Reiter fit sein. Die Dauer des Trainingsrittes wird zuerst auf einen halben Tag, später auch auf einen ganzen Tag ausgeweitet.
Welche Strecken kann man dem Pferd zumuten?	☐ Je nach Pferd und Reiter kann man eine tägliche Strecke von 25 bis 40 Kilometern zurücklegen. Dies ist natürlich abhängig vom Wetter und der Geländebeschaffenheit. Das absolute Höchstmaß von 50 Kilometern sollte aber nie überschritten werden.
Wann wird der größte Teil der Strecke zurückgelegt?	☐ Der größte Teil der Strecke sollte vor der längeren Mittagsrast zurückgelegt sein.
Wo kann man Broschüren und Unterlagen für die Planung eines Wanderrittes einholen?	☐ Man findet diese bei der Reiterlichen Vereinigung.
Wie plant man die Übernachtungen?	☐ Die Quartiere sollten vor dem Wanderritt mit dem Auto schon mal angefahren werden, um unliebsamen Überraschungen vorzubeugen. Man kann dann auch gleich das Futter für sein Pferd bestellen.
Wen sollte man noch kontaktieren?	☐ Man sollte die ortansässigen Förster, Landwirte und Reitvereine nach der Nutzung und den Zustand der Reitwege befragen.
Was beachtet man bei der Zusammenstellung des Gepäcks?	☐ Man entscheidet zuerst, ob man da komplette Gepäck auf dem Pferd mitnimmt, oder ob es mit dem Auto gefahren wird.
Was beachtet man, bezüglich der Satteltaschen?	☐ Befördert man sein Gepäck in Satteltaschen, beschränkt man sich auf das Nötigste und achtet darauf, dass die Satteltaschen auch wasserdicht sind.

🐴 Welchen Sattel wählt man für den Wanderritt?	☐ Zu empfehlen ist ein Trachtensattel, da dieser die Wirbelsäule des Pferdes freier lässt, als die üblichen Sättel. Außerdem ist er mit vielen Ösen bestückt, an denen man gut die Satteltaschen und andere Ausrüstungsgegenstände befestigen kann.
🐴 Welches Sattelzubehör wählt man?	☐ Als Sattelunterlage eignen sich Sattelpads, da diese besonders weich und elastisch sind. Der Sattelgurt sollte breit und weich sein. Die Gurtstrippen und die Steigbügelriemen müssen in einwandfreien Zustand sein.
🐴 Welche Ausrüstungsgegenstände braucht man noch für das Pferd?	☐ Ein Stallhalfter mit Führstrick, Putz- und Pflegemittel, eine kleine Apotheke und eine Decke. Für Könner auch Hufbeschlagzeug mit zwei vorgefertigten Eisen.
🐴 Was ist bezüglich der Hufe zu beachten?	☐ Spätestens eine Woche vor dem Wanderritt muss das Pferd frisch beschlagen werden. Der Beschlag ist mit Hartstiftstollen zu versehen.
🐴 Wie oft wird gerastet?	☐ Spätestens alle drei Stunden, wobei der Rastplatz möglichst frei von Insekten und Giftpflanzen sein sollte. Verschwitzte Pferde werden erst trocken geführt und/oder eingedeckt.
🐴 Was kontrolliert man bei den Pausen?	☐ Nach dem Anlegen des Stallhalfters werden die Beine und Hufe der Pferde kontrolliert, sowie die Gurt- und Sattellage.
🐴 Wie kann man das Pferd zusätzlich schonen?	☐ Der Reiter kann etwa jede Stunde absitzen und das Pferd eine Weile führen. Dies tut auch dem Reiter gut!

Theoretische Prüfungen für den Reitpass

für _____

Thema	Seite	bestanden am:
Kapitel 1: Pferdepflege	4,5	
Kapitel 2: Ausrüstung für Pferd und Reiter	6,7	
Kapitel 3: Grundsitz / leichter Sitz	8,9	
Kapitel 4: Hilfengebung	10,11	
Kapitel 5: Der Ausritt	12,13	
Kapitel 6: Reiten in der Gruppe	14,15	
Kapitel 7: Reiten in Kolonne und Verband	16	
Kapitel 8: Reiten in Wald und Feld	17	
Kapitel 9: Reiten im Straßenverkehr	18	
Kapitel 10: Gangarten	19,20,21	
Kapitel 11: Vormustern	22	
Kapitel 12: Verladen	23,24,25,26	
Kapitel 13: Haltungsformen und Stallbau	27,28,29	
Kapitel 14: Füttern und Tränken	30,31	
Kapitel 15: Krankheiten und Abhilfe	32,33,34,35	
Kapitel 16: 1. Hilfe für Pferd und Reiter	36,37	
Kapitel 17: Tierschutz	38	
Kapitel 18: Zwölf Gebote für das Reiten im Gelände	39	
Kapitel 19: Planung Wanderritt	40,41	

Praktische Prüfungen für den Reitpass

für _____

Am Pferd   bestanden am:

Deckhaar, Langhaar, Hufpflege	
Satteln mit Sattelbau	
Trensen mit Trensenbau	
Hilfszügel	
Bandagen und Gamaschen	

Bodenarbeit   bestanden am:

Vormustern analog Verfassungsprüfung	
Erstversorgung des Reiters (BAP/ stabile Seitenlage)	
Erstversorgung des Pferdes (PAT, Druckverband, Decke)	
Verladen und Transport von Pferden	

Praktisches Reiten   bestanden am:

Reiten in allen drei Gangarten im Gelände	
Reiten im Verband mit Kolonnenzeichen	
Straßenquerung	
Reiten mit Handpferd	
Wegreiten von der Gruppe in allen drei Gangarten	
Bergauf/Bergab, Wassereintritt	
Springen von vier festen Hindernissen im Gelände	

Impressum

Ute Schmidt
Hamburg

Kontakt:
E-Mail: ute@tschmidt.de

Urheberrecht

Die durch die Seitenbetreiber erstellten Inhalte und Werke auf diesen Seiten unterliegen dem deutschen Urheberrecht. Die Vervielfältigung, Bearbeitung, Verbreitung und jede Art der Verwertung außerhalb der Grenzen des Urheberrechtes bedürfen der schriftlichen Zustimmung des jeweiligen Autors bzw. Erstellers.

Herstellung und Verlag:
BoD – Books on Demand, Norderstedt
ISBN 9783752805239